AF599761

Demasiado tarde para nacer pájaro

ANDREA REIRIZ

Aliar ediciones

Diseño de cubierta: Lola Vidal
@lola__vidal
Corrección: Eladia Guerrero
Maquetación: Aliar Ediciones

Depósito Legal: GR 1392-2024
ISBN: 978-84-10374-77-5

Impreso en España

Edita
ALIAR Ediciones
www.aliarediciones.es
info@aliarediciones.es

Demasiado tarde para nacer pájaro

ANDREA REIRIZ

Soy una ruta secreta
y quería ser un atajo
para el corazón.
Mirta Rosenberg

Pensé / que me iba a matar / esta caída / pero solo / me volvió real.
Ocean Vuong

El silencio espera y llega con la verdad.
Wajdi Mouawad

El encuentro

Al final del camino, donde las rocas
empiezan a comerse
a sí mismas, donde más abajo
se retuerce el mar de invierno. Me asomo,
es la fuerza de dos mundos.
La tierra que empuja.
La forma de la espuma, las gotas saladas
que llegan a mi frente,
que entran en mi boca.
La belleza: lo que se rompe
ante mis ojos, la fuerza de dos mundos
que se enfrentan
por derribar al otro,
por entrar en él.

Ascenso

¿Qué te hizo mirar
el cielo querer alcanzarlo
por primera vez?

Los principios del cuidado

Pasé el verano con la cabeza metida
entre los espacios de las rocas
rasgando con las uñas los salientes de nácar

no recuerdo quién me dijo mi padre mi abuelo
si guardas el nácar con el tiempo
se convertirá en perla

no pretendía construir una riqueza
sino dejar lisa la superficie, era mi manera de cuidar.

A los cinco me convertí en madre.

Era diminuta, infinita. La isla atlántica.

Veo caer sobre mí
un mar de silencio
olor húmedo de salitre
cientos de peces
muriendo   en mi boca.

Nacimiento

Killos fue mi primera palabra.
La que dije *kidos*, *kios*, *pillos*.
Eran los pájaros del jardín de mi tía.

El calor, mi cabeza de guisante
en el surco de su cuello.
Todavía no caminaba.
Mi boca, una pequeña cueva natural.

La luz golpeaba, la lengua
pedía hablar
encontró una grieta
killos
la parte mínima
para poder tocar el mundo.

Nunca podrás renunciar
a tu primera palabra
ni saber por qué
fue esa y no otra.
Como tampoco saber
dónde van los que amamos

cuando mueren
dónde va su voz
lo que calla

una espora suelta
en el aire
un mirlo que nace

un jardín
aún más lejano.

Los pies descalzos

Te dispusiste a cruzar / al otro lado.
Sabías lo que sentías: nada.
El eco de una voz, el canto de los pájaros.
La otra orilla te llamaba
como llama el mundo al nacer.
Estabas excitada, ibas a descubrir
la tierra prometida.
Camino trazado
sobre el puente, el dibujo de un arco regular.
Nadie te habló de la noche
la fuerza del agua, los chupópteros.
Nadie te habló
de las rodillas cansadas,
las manos secas, el frío.
Te dejas sobre el agua y el cauce te arrastra,
intentas volver pero
aquella tierra
su firmeza
ya no existe.

Vencejos

¡Míralos!
Vienen desde la luz
cruzan el umbral de la pregunta
llevan en sus picos   la verdad.

Dos mujeres más

Murió un hombre que conocía
fue al morir que lo desconocí
o al revés, no lo sé
bastó con desaparecer
para revelarse. Yo lo quería,
como una beba que ama
a su abuelo
con la fe ciega de quien se entrega
a dios. Metía el dedo índice en su mano
y envuelta, él me llevaba
donde quería. Me subía hasta las higueras
y se quedaba debajo
con las manos abiertas
como si fuese a recoger
la fruta madura. Aquellos higos
tan dulces tan dulces
como un hombre
que también
supo querer.
¿Pero quiénes son los que amamos? ¿Son quienes son
o quienes inventamos? ¿Son lo que hicieron o
lo que nunca?

Un relato, un sueño,
la parte visible de la luna.
Al final del día, él descansa
ya bajo la tierra, y nosotras somos
solo dos mujeres más
atravesadas
por la vida
de un hombre.

Se abre un agujero como una boca en la tierra

Quieres llenar todos los huecos
con tinta negra dejar
el espacio justo al silencio
¿qué recuerdas?

el límite en los acantilados

veo un pequeño surco lleno de sal
proceso natural de cristalización

las gaviotas

nací aquí pero ahora
hay trozos de mí
como la sal
una porción más grande
se ha disuelto

cuando me preguntan por mi patria
respondo: mi patria es la búsqueda
sin embargo, dime
¿serás capaz de reunir todas las partes?

La charca

Todo es fácil
en la charca de agua dulce.
Me tumbo sobre la roca caliente y te agarro la mano
que tienes apoyada sobre la cintura,
en un movimiento suave
contraes los dedos, me recoges,
permanecemos tumbadas
mirando al cielo, no decimos nada.
Son estos los últimos minutos del sol
antes de que desaparezca tras la montaña.
Mañana será otro día.
No logro acabar aquel poema que empecé
cuando viniste a visitarme la última vez.
Hablaba del gesto,
de tu forma de dar amor con las manos.
Te traigo a este lugar nuevo,
aquí el viento mece la copa de los árboles con suavidad
y con ternura.
Te traigo a este lugar
como una forma de decirte,
es así como veo el mundo.
Fíjate la suavidad con la que el viento mueve

las hojas largas del castaño.
La montaña nos protege, estamos solas.
Me dices, mira cómo el agua da forma a las rocas,
te pregunto
cómo se llaman los bichitos
que avanzan por la superficie del agua
en todas las direcciones,
contraen y expanden sus patas.
A estos bichos los llaman zapateros.
Yo lo sé pero me descubro queriendo
que tú los nombres por mí,
como cuando tenía dos o cuatro
y eras tú
quien me desvelaba por primera vez
el mundo, el nombre propio
de las cosas.
La cascada rompe con una fuerza
que no sé escribir.
Se forman estas ondas que van
expandiéndose por la charca,
van haciéndose pequeñas
hasta llegar a nuestros pies.
Todo este amor también
se guarda en la memoria.

La tarde se acaba y este poema que nace
tampoco es todo
lo que te diría, pero es suficiente
ahora este silencio
que escribimos las dos.
Tú y yo
de la mano, mamá.
Olvidamos lo que duele.
Quizá no haya nada
más verdadero
que esto.

No es lo mismo decir lo que se esconde
que decir el escondite.

No es lo mismo decir sed
que decir manantial.

No es lo mismo decir hambre
que decir poema.

El salto

Entre los espacios de duda
entre una certeza
y otra   la siguiente /
tras el abismo de lo cierto
el retrato de un miedo
la ficción inconsciente
hay días
que víctima del cansancio
de la fatiga de ser
cierro los ojos
cierro los ojos
y veo
veo claro veo
la mentira veo
no veo nada
vacío
estoy al borde me inclino
seré capaz de volar
estoy volando
soy un pájaro
el que vislumbraba la niña que fui
entre los labios

somos niños eternos
jaulas
abriéndose
espacios huecos
oscuros
entre las carnes
por donde pasa el aire
el aire pasa
y con él
la voz anticipada
la primera palabra
la primera mueca
la primera vez que se viene
al mundo
se viene a morir.

Hibernación

Volcar los excesos
de la carne ¡ser buena! cerrar las grietas
que me abren
al mundo
revertir mi humanidad

o mirar al dios
imaginario decirle

te desconozco
afuera hay una vida y
la prefiero.

Erosión

De las piedras
se arrancan las palabras, de la minúscula entraña
de las cosas calladas.
Claudia Masin

Entre las piedras
inaugurabas el recorrido

cómo decir la extrañeza
de aquel paisaje nuevo
indómito

nombrar es comprender

un cuerpo es una piedra
pájaro
una palabra
como una mano que agarra la piedra
y la devuelve al mar
para poder sentir
también
su ligereza.

Burato do Inferno

El mismo agujero en la tierra
en el límite de la isla, junto a los acantilados
lo llaman *burato* 'agujero del infierno' garganta del diablo
zanja virgen
hendidura natural
eco de las voces
cuarenta metros de vacío
que rompe el mar
al fondo
su fuerza
emite rugidos
como animal salvaje
todo lo que se traga
y escupe /
dos amantes una grieta
la boca abierta
inmensa
del infierno.

La niebla

Si todo mi cuerpo crepita
y no lo siento morir.
Si me entrego y no veo
otra forma
posible de amar quizá
si estar aquí es solo el aire
que entra y sale
y te deja si es
sufrir la indiferencia
el dolor punzante de la caída
convertirse en el cristal sucio
que no deja ver
el otro lado
caminar entre las tinieblas
de mí misma: ni ojos ni memoria.
Pasar la vida en soledad
alegando el mensaje de dios
como pretexto
llamar fe
lo que se entiende como miedo
llegar a morir /
o volver a ser

la niña que daba sus primeros pasos
sobre un campo seco
que caía
y se levantaba
con las rodillas en carne viva la niña
que abría sus alas blancas
y convencida
le gritaba al cielo
¡te devuelvo la sombra
si tú me devuelves
a los ángeles!

La primera palabra

Una herida abierta
escrita
en la lengua.

Dos

Te dejo entrar hasta el fondo
de mí, hasta que el pecho se hace
pecho y la carne,
carne.
El dolor empieza en las rodillas,
se expande por mis piernas, como un vino tinto
derramando su fuerza
sobre el mantel blanco, poroso.
El deseo, como dos manos que empujan
mi sexo hacia tu sexo
abierto, dispuesto
para recibirme, dejarme entrar.
Como dos manos de fuego
empujan y dejan
una huella sobre mi piel.

Si no sangra no es profunda.

Todavía tienes clavada la astilla en el anular
y la espina en el corazón.

Qué me dices ahora
que nos alcanzó el fuego.

¿Podrá el agua salvarnos?

Si supiste amar
alguna vez, qué textura tuvo
qué efectos naturales despertó
en tu pecho
la despedida.

La casa

Ahora que ya te has ido
que has recogido tus cosas
y deliberadamente
las has separado de las mías.
Ahora que ya no, que le has borrado
el nombre común
a las plantas del patio,
ahora sé
sigo sin entender
nada nunca.
Ahora callo
y te extraño
y estoy en paz
y no entiendo
el día que te pedí tiempo
el resto de los días,
todas las mañanas
fuimos lo mismo.
Alguna vez nuestros cuerpos
fueron de verdad, se movían
como si estuvieran cosidos.

La primera noche
dormimos abrazadas
en la otra casa
ya me dolía, te quise decir
pero pensé
que no me sabía tu nombre.
Nos quisimos así: desconocidas,
a partes desiguales.
Fuimos agotando las palabras
y no pudimos
decir más.
En esta casa inventada
se rompió, descubrí
el corazón en pico
en un pozo
bajo el esternón, me arañó la piel.
Esta mañana, la singular claridad
de un espacio vacío.
Un grito fantasmal
el eco de después
el desencuentro: tú y yo
del otro lado.
Fue la casa que quisimos
la que nos desahució.

Rezo

Tus manos juntas,
una simetría perfecta.

Cuando digo ascenso, estoy diciendo
dos alas, una espina dorsal
estoy diciendo
una cerca se construye
alrededor de un torso
lo contiene
lo corta
como una hoja afilada
que invertida
parece que acaricia.

Nos inventamos también
el caudal

su movimiento
quizá

como escribiendo un poema
priorizando
su forma.

Deriva

Estás zarpando. Hebra a hebra,
te sueltas. Toda tu vida:

un barco yéndose

yéndose.

Lengua

Quisiera seguir esta noche
la ruta de una pluma
al caer.
Voy a decir: no estaría aquí
si las palabras
no estuviesen de mi lado.

Esta carnalidad insistente
lo que se abre y transpira:
ese idioma extranjero
que empiezo a entender.

Limpio

Es mía la boca que rompe que grita

que traduce el instante en poesía es mío
este presente nuevo cada vez esta mentira

escribo la belleza para que me quieran

oculto la verdad tras la máscara juego
con mi identidad pues la desconozco

escribo pájaro pudiendo decir fuego o sangre
y persigo un libro limpio como el cielo.

Correspondencia

Aquella noche decidiste quemarlo todo.
Es el fuego la diferencia
entre lo que se dice y lo que se escribe.
Esperaste a que todos estuviésemos dormidos
y agarraste la caja de cartón
que escondías en el ropero,
entre los abrigos de invierno. Todo lo guardabas
dentro, lo acumulabas,
nunca era suficiente. Como la madre que toma fotografías
de los primeros años de su hijo, pero él
no era tu hijo. Se convirtió en un hombre de su tiempo,
nunca más fue aquel hombre
que admirabas. No te llevó en brazos,
no fue hasta ochenta años después
que tú lo llevaste a él.
Era verano esa noche. Bajaste al sótano y después
de abrir las ventanas, en un cuenco de hierro, las colocaste
superpuestas, tenían la forma de un abanico.
No fue un plan, un impulso
que duele, una piedra incrustada. La memoria
no es aquella correspondencia,
una pila de cartas raídas por el tiempo.

La memoria es física: es un corcho,
por mucho que trates de hundirla
saldrá siempre
disparada
hacia la superficie.

Ritual para cazar perdices

Antes de apretar el gatillo
el hombre recita una oración.
Lo primero es siempre Dios.

Solo quise escribir la verdad
y la verdad cayó
como pájaro desplumado
ante mis pies.

Tengo las manos
vacías como el vientre vacío
mamá
como placenta
desprendida
y toda esta sed
una yegua desbocada
que corre y sigue
y sigue
y sigue
y se agota
y se hunde.

La cosecha

Imagínate por un momento:
los meses de cosecha, la primavera y el verano, las manos
y la tierra, las uñas por dentro ennegrecidas, la superficie,
todas las salidas de los cuerpos verdes
que confiaron en esta tierra para crecer. Imagínate después
el paso del tiempo, un cielo nuevo, inmenso,
implacable,
ennegrecido también por la tormenta, las nubes cargadas,
la temperatura,
la nieve que rompe. Estas manos
abiertas, una criatura así
de pequeña, tratando de detener el mar helado
que se vierte
sobre sí,
su fuerza.

Oración

¿Quién inventó la metáfora
lluvia entre los dedos
para reconocer nuestro límite
solo un archipiélago
piedras sueltas
temporalmente agrupadas?
¿Habrá sido el mismo dios
quien tendió la trampa
creando el lenguaje
en la medida imposible
del universo?
¿Para que regresemos a casa
mudos, en paz,
conocedores
de la fe?

Contraluz

Antes de desprenderse
no existía, lo que había de mí
era una sombra,
una larga noche. Imperturbable,
estaba seca, como la tierra
devastada
después del incendio: solo ceniza
perdiéndose en el aire.

Me encontré con ella
y entró la luz. Dicen de la luz *es dulce*.
Lo que nadie me dijo
fue como un cuchillo. Se clavó en mis ojos
como mirando de frente
al sol.

Cuéntame otra vez la historia.
¿Fue un día luminoso?

Revelación

Con tu pubis percutiendo sobre el mío
cada caída
abríamos una puerta nueva
en el cielo

escribo pájaro y entiendo
mi naturaleza es aérea

la represión del deseo tiene la forma del ave
y la consumación   su fuerza.

Sucia es tu manera de tocarte
pensando en otra vulva acercándose
lentamente
a tu piel, que ya la recibe
caliente, sucia
es tu manera de humedecerte
al recordar sus lenguas
fuera de la boca, buscándose
sucia
tu vanidad hacia los hombres
esa seducción absurda, dormida
sucia cuando te ofreces con los ojos
pero no con el cuerpo.
Como niña ya sabías —¡sucia!
que no se vea, que no se sepa
¡límpiate! presume
tu belleza
sucia
así te sentías después de besarlos
chuparlos, dejarlos
entrar, sucia
cuando ahora te miran y tú no
los miras

porque has decidido dejar atrás
la parte de la historia
que no escribía
tu cuerpo.

El arte de volver

Qué es esta nostalgia,
la tarde podría ser la misma.
Te estiras, apoyas tu cabeza
en mis muslos, los animales buscan el sol, las nubes
con la misma forma, el mar
la misma distancia entre la tierra y el cielo
en este lugar nuevo
en el que nunca antes habíamos estado.
El murmullo de la gente es el mismo en todos los idiomas,
y la precisión de las cosas:
una roca es una roca,
un cuervo es un cuervo.
Soy una especie protegida
a tu lado, temo menos la muerte.
¿Qué es lo que hace tan atractivo
lo desconocido?
Con la curiosidad renovada,
la inocencia,
abro los ojos al mundo nuevo
para decirle, para irme
para volver a intentarlo
una vez más.

Vocación

Abrir las rendijas
del espíritu   ventilar
como se ventila en verano
dejando las ventanas abiertas
en la noche.

Geografía

El corazón en el centro
ligeramente desplazado a la izquierda
como el faro en medio de la isla
ligeramente desplazado
a la izquierda.

Si fuese a morir mañana

¿escribiría lo que escribo? ¿o diría otra cosa?
¿otra cosa? diría
amé la vida, la amé
no la comprendí
nunca.

El otro lado

Entre las rocas volcánicas,
una pequeña piscina natural.
El agua como un milagro
entra y sale.
Después de todo, el dolor
ya no es aquel pan duro, desmigado y viejo
sobre la mesa, algo
de lo que quiera deshacerme.
Sé que llegará, y con él
el invierno
el golpe
y después
el rayo de sol, lo que reverdece.
Intenté nombrarlo todo, pero el mar
vuelve a enseñarme
que hay cosas que se desbordan
y no se contienen
en el horizonte abierto
del lenguaje. Sería como intentar
seguir con los ojos
el vuelo precipitado del peregrino.

Todo lo que trae
la marea retrocede. Es la vida
este movimiento reiterado
esta constante de dejar ir.
La posibilidad de que el agua se reponga
y nada se detenga.
Aquel día me dijiste: *nada cura las heridas como el agua salada.*
Me llevabas de la mano hasta la orilla,
conocía la temperatura de aquel mar.
He llegado hasta aquí
donde decido quedarme
mis rodillas ya no duelen, apuntan al cielo
todo mi cuerpo sobre la superficie de las rocas
se acopla a su irregularidad.
Llega la noche
y con ella, la cara amable
del silencio. La parte oculta
no la alcanzo, no la alcanzo.
Me rindo ante el milagro.
Toda esta inmensidad.

Índice

Este libro se terminó de editar en Granada
en octubre de 2024 por

www.aliarediciones.es
info@aliarediciones.es